AF358879

Tsz'po.

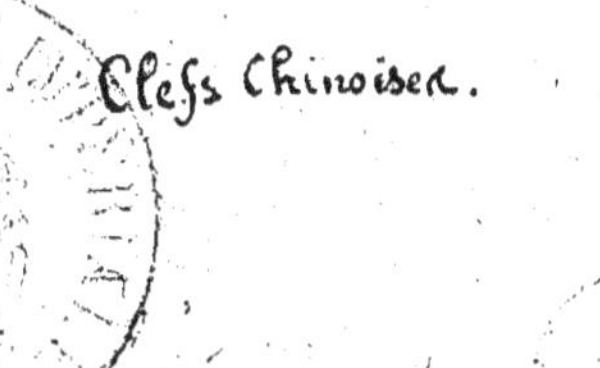

Clefs Chinoises.

T. à 100 Exemplaires.

Les

部字

Tsz'po.

ou

214 clefs Chinoises

en quelques tableaux mnémoniques, suivis
d'un tableau classé d'après le nombre des traits qui les composent
de phrases formées de clefs, des chiffres
chinois, de notes, etc.

à l'usage des élèves de l'École spéciale des

Langues orientales.

Paris

1853.

Benjamin Duprat, libraire des Sociétés
asiatiques de Paris, Londres, etc.

7 rue du cloître St Benoit (près le collège de France).

一 *i*	un (1)*		十 *chi eul'hl*	douze { dix / plus 2
二 *eul'hl*	deux (7)		二十 *eul'hl chi*	vingt { deux / dizaines
三 *san*	trois (1)		三十 *san-chi*	trente { 3 / dizaines
四 *ssŭ*	quatre (116)		百 *pĕ*	cent (106)
五 *ou*	cinq (7)		百四 *i-pe-ssŭ*	104 { un / cent / quatre
六 *lo*	six (12)		千 *tsien*	(24) mille
七 *tsi*	sept (1)		萬	(140) dix mille
八 *pa*	huit (12)			
九 *kieou*	neuf (5)			
十 *chy*	dix (24)			
十一 *chi i*	onze { dix. / plus / un			

* le n° entre parenthèses indique la clef d'où dépend le caractère

Avertissement.

Ce petit travail fait primitivement comme objet d'étude, n'avait pas été destiné à l'impression. Son seul mérite, à part les corrections dont ce travail aurait été susceptible, est d'avoir rapproché les clefs d'après leur analogie de formes ce qui fournit un excellent moyen mnémonique pour les retenir. Frappés de l'utilité de cette disposition, quelques amis nous ont prié de les faire autographier : cette production anticipée, n'est tout simplement qu'un effet de l'ardent désir que nous aurions d'abaisser les difficultés de cette étude pour les personnes qui commencent.

Nous avons donc renfermé dans ce petit opuscule :

1°. les clefs rangées par tableaux de caractères offrant le plus de rapports homographiques.

2°. Un tableau d'ensemble offrant d'un seul coup d'œil les 214 clefs chinoises ce qui permet de les comparer sous tous les rapports possibles.

3°. Le système-tableau de la numération chinoise.

4°. Une suite de phrases élémentaires ne se composant que presqu' entièrement de clefs, avec une traduction d'abord, puis ensuite sans la traduction que le lecteur pourra effectuer lui-même.

5°. Un tableau indiquant la manière de compter les traits.

6°. Les alphabets Tibétains et Mantchou. Ces deux langues faisant partie de l'empire Chinois, nous serons heureux d'appeler vers cette étude si importante et dont la culture pourrait enrichir encore la sinologie.

L. L. R.

Pour se servir des dictionnaires Chinois, il est nécessaire de connaître les 214 clefs Chinoises, vu que tous les mots ou signes de la langue se trouvent classés dans 214 divisions d'idées dont chaque clef se présente pour type. Le grand nombre de caractères rangés sous chaque clef, a exigé une sous-division dans les dictionnaires, établie d'après le nombre de traits ajoutés à la clef. Et pour les compter, il est nécessaire de savoir que les traits se comptent d'après le maniement du pinceau, ainsi ⅂ ne comptera que pour 1 trait, 口 comptera par la même raison pour 3 (l, ⅂, —) Du reste le tableau que nous donnons plus loin suffira pour effacer cette petite difficulté.

木 . 屮.

75 木 arbre	115 禾 céréales	165 釆 séparer
202 黍 millet	199 麥 blé	119 米 riz
186 香 odeur	117 耒 charrue	120 糸 soie, fil

45 屮 rejeton	140 艸 plantes	46 山 montagne	121 缶 vase de terre.

口

口 enceinte 31	口 bouche. 30	日 Soleil 72
冂 désert. 13 凵 17 abîme	曰 parler, dire. 73	甘 douceur 39
田 champ divisé 102 毋 80 négation	舌 langue. 135	白 blanc; pur. 106
石 pierre. 112	言 paroles 149	月 lune 74
里 li, lieue 166	龠 flûte 214	夕 nuit, soir 36 歹 78 squelette
車 char 159	貝 richesse 154	目 œil. 109
邑 ville 168	自 de- (particule) 132	耳 oreille 118
戶 porte 63	尸 cadavre 44	骨 os 188
門 portes 169	身 corps 158	月 chair 130
鼻 nez 209	首 tête 185	頁 tête 181
谷 vallée 150	面 visage. 176	角 corne 148
高 élévation 179	音 son 180	鬼 mânes 194

4.

32 土 — terre
33 士 — lettré
51 干 — bouclier
48 工 — artisan

155 赤 — rouge
24 十 — perfection
96 玉 — pierre précieuse
100 生 — naître

133 至 — parvenir
160 辛 — acide
93 牛 — bœuf
123 羊 — mouton.

125 老 — vieillesse
156 走 — courir.

---

14 冖 — couvrir
40 宀 — toît
8 亠 — sommet

27 厂 — antre
53 广 — toît
104 疒 — maladie
117 立 — être debout
116 穴 — caverne.

---

103 疋 — pied
156 走 — courir
157 足 — pied

162 辵 — marche
77 止 — s'arrêter
81 比 — comparaison.

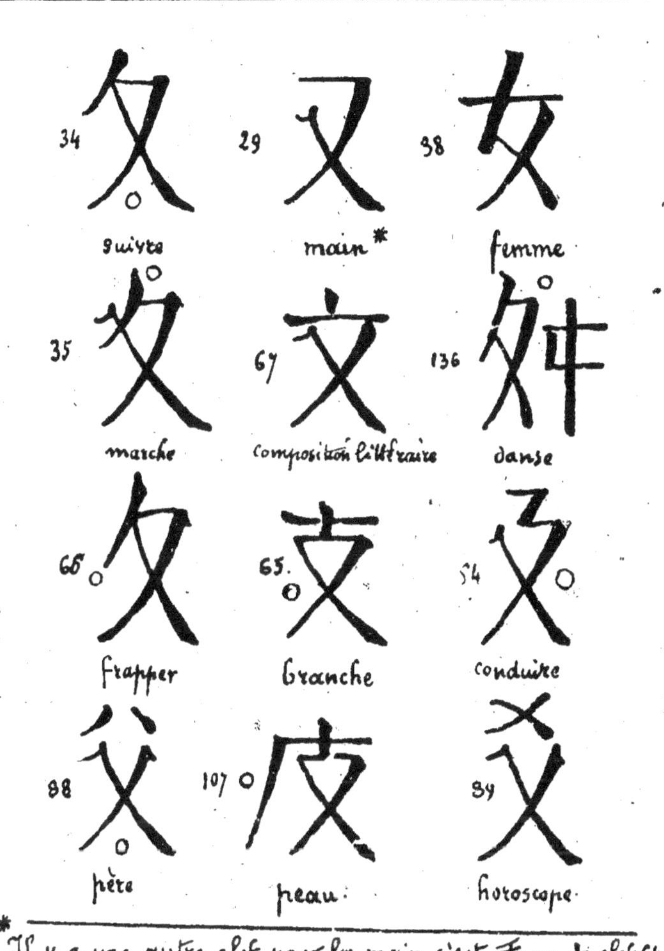

---

* Il y a une autre clef, pour la main, c'est 手 ou 扌 clef 64.
O indique la place où se mettent les traits additionnels: nous
ne nous servons de ce signe, que lorsque son usage devient neces-
saire pour éviter confusion entre des caractères presque semblables.
à ces clefs l'on peut ajouter encore les suivantes :

殳 79. baton . 鼓 207. tambour

3 丶 animation

15 冫 glace

85 氵 eau

86 灬 feu

61 忄 coeur

42 小 petit

173 雨 pluie

197 鹵 sel

187 馬 cheval

195 魚 poissons

196 鳥 oiseaux

203 黑 noir

49 己 soi-même	205 黽 reptile.	177 革 cuir	匚 22. coffre
57 弓 arc.	213 龜 tortue	201 黃 jaune	乚 23 coffret.
138 艮 limite	122 网 filet	100 生 naître	169 門 portes
184 食 nourriture	130 肉 chair	174 青 bleu	191 鬥 combat.

9 人 homme
37 大 grand
94 犬 chien
86 火 feu

11 入 Entrer
12 八 huit
76 欠 besoin, mépris
111 矢 flèches

105 癶 élever
145 衣 habit

10 儿 homme.	43 尢 tortu	77 止 s'arrêter.
16 几 soutien.	71 无 négation	83 氏 famille.
146 四 occident	98 瓦 terre cuite	81 比 comparer.
164 四 automne.	193 鬲 trépied.	198 鹿 cerf.
147 見 voir.	194 鬼 mânes	

140 plantes   118 bambou   87 ongles

———

170 monceau   163 ville.   26 sceau   182 vent.   142 insectes.

28 pervers	39 fils	59 poils	134 mortier.
52 petit	110 pique.	82 cheveux	208 rat.
95 sombre	92 dents.	60 marche.	175 négation
108 vase sacré	87 ongles	190 cheveux	179 ognon.
143 sang.	97 courge.	172 plumes	129 pinceau
91 se diviser	152 cochon	1 un	171 parvenir
90 soutien.	153 vers (ins.)	7 deux.	21 cuiller sacrifices
2 lien	47 ruisseau.	56 arc	192 plant. odorif.
6 crochet	113 génie terr.	62 lance	125 vieillard.

1 trait. clef 20 ⺈ recouvrir.

25. 卜 devination

26. 卩 sceau. imprimer.

3. 41 寸 pouce $\frac{10}{10}$ du pied

55. 廾 union.

58 彐 ou 彑 tête de cochon.

4 斗 68. boisseau

69 斤 hache.

70 方 carré, remède.

84 气 air.

5. 114 禸 legereté.

6. 124 羽 plumes.

126 而 , et, conjonction.

131 臣 magistrat, vassal.

137 舟 barque.

139 色 couleur.

141. 虍 tigre.

144 彳亍 avancer.

7 161 辰 heure.

8. 172 隹 ailes, oiseaux à queue courte

9. 178 韋

183 飛 vol. d'oiseau

11 200 麻 chanvre.

12 204 黹 broderie.

13 鼎 206. trépied.

14. 210 齊 ornement

15. 211 齒 dents

16. 212 龍 dragon.

Nous n'avons pas mis dans
ce tableau les 2 clefs d'un trait
omises dans la partie mnémoniq.
Ce sont 丿, et 乙 . leur valeur
est peu utile aujourd'hui aux
commençants. 丿 pivot 乙 car. cycliq.

tableau des 214

1	13 冂	28 厶	42 小	57 弓	69 斤	83 氏	94 犭
1 一	14 冖	29 又	43 尢	58 彐	70 方	84 气	**5**
2 丨	15 冫	**3**	44 尸	59 彡	71 无	85 水	95 玄
3 丶	16 几	30 口	45 屮	60 彳	72 日	氵	96 玉
4 丿	17 凵	31 囗	46 山	**4**	73 曰	86 火	97 瓜
5 乙	18 刂	32 土	47 巛	61 心	74 月	灬	98 瓦
6 亅	19 力	33 士	48 工	小	75 木	87 爪	99 甘
2	20 勹	34 夂	49 己	62 戈	木	爫	100 生
7 二	21 匕	35 夊	50 巾	63 戶	76 欠	88 父	101 用
8 亠	22 匚	36 夕	51 干	64 手	77 止	89 爻	102 田
9 人	23 匸	37 大	52 幺	才	78 歹	90 爿	103 疋
亻	24 十	38 女	53 广	65 支	79 殳	91 片	104 疒
10 儿	25 卜	39 子	54 廴	66 攴	80 毋	92 牙	105 癶
11 入	26 卩	40 宀	55 廾	67 文	81 比	93 牛	106 白
12 八	27 厂	41 寸	56 弋	68 斗	82 毛	94 犬	107 皮

clefs chinoises.

108 皿	121 缶	136 舛	149 言	163 邑	**9**	189 高	203 黑
109 目	122 网	137 舟	150 谷	阝	176 面	190 髟	204 黹
110 矛	123 羊	138 艮	151 豆	164 酉	177 革	191 鬥	**13 et 14**
111 矢	124 羽	139 色	152 豕	165 釆	178 韋	192 鬯	205 黽
112 石	125 老	140 艸	153 豸	166 里	179 韭	193 鬲	206 鼎
113 示	126 而	艹	154 貝	**8**	180 音	194 鬼	207 鼓
114 禸	127 耒	141 虍	155 赤	167 金	181 頁	**11 et 12**	208 鼠
115 禾	128 耳	142 虫	156 走	168 長	182 風	195 魚	209 鼻
116 穴	129 聿	143 血	157 足	169 門	183 飛	196 鳥	210 齊
117 立	130 肉	144 行	158 身	170 阜	184 食	197 鹵	**15 et 16**
6	131 臣	145 衣	159 車	171 隶	185 首	198 鹿	211 齒
118 竹	132 自	146 襾	160 辛	172 隹	186 香	199 麥	212 龍
⺮	133 至	**7**	161 辰	173 雨	**10**	200 麻	213 龜
119 米	134 臼	147 見	162 辵	174 靑	187 馬	201 黃	**17**
120 糸	135 舌	148 角	辶	175 非	188 骨	202 黍	214 龠

日月入西山○五行金气水火土○五

色赤青黃白黑○米食豕羊牛犬

馬又卜老人鼻高而口大○骨肉皮

血耳目毋疒○田生豆麥黍米瓜○

比一而一○二人大而小女○

子阝

句

Le soleil et la lune descend derrière la montagne occidentale o les cinq élèments sont l'or, l'air, l'eau, le feu, la terre o les cinq couleurs sont le rouge, le bleu, le jaune, le blanc, le noir o Nourrir de riz, des cochons, des moutons, des boeufs, des chiens et des chevaux o Un vieil homme qui dit la bonne aventure a le nez haut et la bouche grande, les os, la chair, la peau, le sang, les oreilles, les yeux sont sans maladie o les champs produisent des légumes, du bled, du millet, du riz, des courges o comparez | (clef 2) et] (cl. 6) o deux hommes grand et une petite femme o

自辰至酉用力做工夫。○竹攴攴門戶○虫及香艸○

身是玄麻○四方八角○二片一頁○歹鬼祟儿○雀

艮高阜○章布刀尢○鹵出屮芽齊○風雨至厶邑○

矛柔門刀斤○太巾宀斗臼○鼎鬲尸黽示○爭气

有口舌○攴夊几又不同○首面彡牙手爪毋辛○

Extrait de l'ouvrage de Williams.

Alphabet mandchou.

a	e	i	o	ou	n	n	c	h	Kh

p	B	s	ch	th	t	th	t	e	m

tch	y	K	gu	Kh	K	gu	Kh	r	f	
4	4	ꮯ	ꮯ	ꮯ				ꭹ	ꭲ	Isolées
1	4	ꮯ	ꮯ	ꮯ	ꭱ	ꭱ	ꭱ	ꭲ	ꭲ	Finales
		ꮯ	ꭹ					ꭹ		Initiales
2	2	3	3	3	ꭱ	ꭱ	ꭱ	ꭱ	ꭲ	Médiales
		ou	ts	ts	j	ss	tch	tch		
		ꭹ								Isolées
		ꭹ	ꭲ	ꭲ	ꭲ	ꭱ	4	ꭲ		Finales
										Finales
		2	ꭲ	ꭲ	ꭲ	ꭱ	ꭱ	ꭱ		Isolées

Mantchou pitkhè-bè ourounakou ourèbou akoutsi Nikan pitkhè be Khavoukiainé Ketoukéleme mou-tempio.

Mantchou Kisoun-ni outoutou Kherguen-bè Nikan nialma Khoûlamé mouterakou.

Sinahun-dè takilara angala KocheKholo.

(Extrait de l'ouvrage de Langlès)

Alphabet Tibétain [1]

ཀ Ka, K	ཁ Kha, Kh	ག ga, g	ང nga, ng
ཙ tcha, tch	ཚ tch'a, tch'	ཛ dja, dj	ཛ
ཏ ta, t	ཐ tha, th	ད da, d	ན na, n
པ pa, p	ཕ pha, ph	བ ba, va, b, v	མ ma, m
ཙ tsa, ts	ཚ ts'a, ts'	ཛ dsa, ds	ཝ va, v, w
ཇ ja, j	ཞ za, z	ཧ ha, h	ཡ ya, y
ར ra, r	ལ la, l	ཤ cha, ch	ས sa, s
ཧ h'a h'a	ཨ â (ི i, ྀ i, ོ o, ུ)		

Les autres voyelles que a, inhèrent à chaque consonne, et sont marquées par des signes joints au dessus ou au dessous de la lettre :

ཀ Ka. ཀེ Kè. ཀི Ki. ཀོ Ko. ཀུ Kou ; ainsi pour toutes

Le point placé après des lettres, sert à séparer les syllabes une à une : ཁ་བ་ Kha va — ཁབ Khab —

(1) Communiqué par M. Foucaux, profess. à l'École des langues Orientales.

 Tableau indiquant la manière de compter les traits

N.º de la clef	clef	Caract.	Séparation des traits	Nombre des traits
30	口	口	丨 ㄱ 一	3
120	糸	糸	ㄥㄥ 丶 丿 丶丶	6
131	臣	臣	ㄥ 一 丨一 一 丶	6
47	巛	巠	一 ㄑㄑㄑ 一 丶 一	7
72	日	昂	丨 ㄱ 一 一 ㄴ 丿 丨ㄱ	8
46	山	岳	丿 ㄴ 丁 丨 ㄴ 丨丨	8
152	豕	豪	丨ㄱ 一 一 丶 ㄱ 一 丿 丿丿 人	12

Prononciation des 214 clefs Chinoises.

	6 Kiouë	13 Kioung	20 pao	27 han	34 tchi
	7 eul	14 mu	21 pi	28 sse	35 soui
1 i	8 Kéou	15 ping	22 fang	29 yeou	36 si
2 Kouen	9 jin	16 Ki	23 hi	30 Keou	37 ta
3 tchou	10 jin	17 Kan	24 chi	31 wei	38 niu
4 piei	11 ji	18 tao	25 pou	32 tou	39 tseu
5 i	12 pa	19 li	26 tsiei	33 sse	40 mien

40 mien	57 Koung	74 youeï	91 pian	108 ming	125 lao
41 tsün	58 Ki	75 mou	92 ya	109 mou	126 eul
42 siao	59 san	76 Kian	93 meou	110 meou	127 loui
43 wang	60 tchi	77 tchi	94 Kiouën	111 chi	128 eul
44 chi	61 sin	78 ya	95 hiouen	112 chi	129 yu
45 tche	62 Ko	79 chu	96 in	113 Ki	130 jou
46 chan	63 hou	80 wou	97 Koua	114 jeou	131 tchin
47 tchouan	64 cheou	81 pi	98 wa	115 ho	132 tseu
48 Koung	65 tchi	82 mao	99 Kan	116 hiouë	133 tchi
49 Ki	66 fan	83 chi	100 seng	117 li	134 Kieou
50 Kin	67 wen	84 Ki	101 young	118 tchou	135 che
51 Kan	68 tsou	85 choui	102 tien	119 mi	136 tchouen
52 yao	69 Kin	86 hò	103 sou	120 mi	137 tcheou
53 yan	70 fang	87 tchao	104 ni	121 feou	138 Ken
54 yen	71 ivou	88 fou	105 po	122 wang	139 sse
55 Koung	72 ji	89 hiao	106 pé	123 yang	140 thsao
56* i	73 youeï	90 tchouang	107 pi	124 in	141 hou

142 hoëi	154 pey	166 li	179 Kieou	192 tchang	204 tchi
143 louëi	155 tchi	167 Kin	180 yen	193 li	205 ming
144 hing	156 tseou	168 tchang	181 hieÿ	194 Kouey	206 ting
145 i	157 tsou	169 men	182 foung	195 iu	207 Kou
146 ya	158 chin	170 feou	183 fey	196 niao	208 chu
147 Kieu	159 Kiu	171 tai	184 chi	197 lou	209 ju
148 Kio	160 sin	172 tchoui	185 cheou	198 lou	210 tsi
149 yen	161 tchin	173 iu	186 hiang	199 me	211 tchi
150 Kou	162 tcho	174 tsing	187 ma	200 ma	212 loung
151 teou	163 i	175 fei	188 Kou	201 hoang	213 Kouey
152 chi	164 yeou	176 mien	189 Kao	202 chu	214 yo
153 tchi	165 pien	177 he	190 pieou	203 he	
		178 wei	191 teou		

nos des clefs les plus importantes à savoir:

9. 30. 32. 38. 61. 64. 72. 75. 85. 86. 94. 96. 104. 109. 112. 115. 118. 120. 130. 140. 142. 145. 149. 162. 167. 187. 195. 196.

FIN.

Imp. A. Patin, r. du Four S. h. 124.